Why Do I Become An Author?

Publishing by Yourself!!!

Josh Chao
Marwa C. Golden
Shrek Kao
Udaya Hui
Vera Ho
Tien Ou-Yang
Take Abreak

PUBLISHED BY:
Self Publishing College
Copyright © 2020

All rights reserved.
No part of this publication may be copied, reproduced in any format, by any means, electronic or otherwise, without prior consent from the copyright owner and publisher of this book.

Disclaimer
The information contained in this ebook is for general information purposes only. The information is provided by the authors and while we endeavor to keep the information up to date and correct, we make no representations or warranties of any kind, express or implied, about the completeness, accuracy, reliability, suitability or availability with respect to the ebook or the information, products, services, or related graphics contained in the ebook for any purpose. Any reliance you place on such information is therefore strictly at your own risk.

目　　　錄

Way to Be A Publisher

　　　　　　　　　　　　　　　　　Josh Chao……5

美之旅程

　　　　　　　　　　　　　　Marwa C. Golden……9

奶爸的出版秘密

　　　　　　　　　　　　　　　　　　史瑞克……11

從出版的夢到自助出版的實現…

　　　　　　　　　　　　　　　Udaya（翊姍）……13

出書沒有您想像中的遙不可及！

　　　　　　　　　　　　　　　　Vera(小品)……18

當傳統遇到後現代 - 一位出版社編輯的內在火花

　　　　　　　　　　　　　　　　　　歐陽天……22

自助傳遞豐盛滿溢

　　　　　　　　　　　　鐵克布雷 Take Abreak……28

Way to Be A Publisher

Josh Chao

1. 你的出版（傳統，自費或自助）的背景故事。分享你的過去對出版或寫作與創作的經驗（共享一至兩個在你的生活中的出版或寫作與創作事件）

  自己的出版經驗是從學院這而開啟的，之前沒有過，不過也剛好是一些時間點及條件具足而自己開始有了更多的維度的思考；不知道從何說起，就突然有那麼一個想法在腦中浮現—就是出書，內容是我的自傳，從小到現在 30 多歲的人生故事，當然這個故事會一直走下去，會有續集，一直至我走進棺材為止。我曾經想過透過自費出版的方式來完成這個目標，費用也不斐，加上我不是什麼名人或是 somebody，所以這件事對我而言似乎也不是那麼地急迫。偶然情形下，四月底時我開始寫了一些文章，主題的設定對我來說是最不容易的，於是我讀了一本書：「呼吸寫作」，跟瑜珈有關，而且作者建議我們記下任何感受，書中也有練習題，我便開始了寫作之路。之後我開了粉絲頁目前是先分享我練習瑜珈的一些生活及事物；現在我會開始運用生活上的事情來當我的題材，融入瑜珈的理念在其中，盡可能地讓瑜珈生活化地貼近生活，我不知道做得成效如何，但這是我覺得除了分享一些瑜珈體式動作、影片外的方式，畢竟外在的一切都僅是工具，墊子外的人生才是我們該專注在其中的！另外，我對內容的生產也產生興趣，於是我也去了解了自媒體經營的部份，現在也正努力開設微信公眾號中，因為我希望我分享的內容不侷限於我個人，我也可以分享其他人的有趣故事及他們的人生，當然形式就不見得會只以文字方式表達，語音、影像也都是可以納入考量的，我個人也去開始跨領域學習，除了現在的瑜珈外，我更重新去練習街舞（我以前就在跳了），想增添更多的元素來生產不一樣的東西出來。

  因此而有了以下的發展思維方向：

  * 左腦 + 右腦組合：理性思維與創造性思維共同發展的模式。

  * 大腦 + 身體的組合：腦力勞動與體力勞動中相互切換。確保身心健康及生活平衡。

* 黃金組合：寫作＋教學＋演講＋顧問。寫作可以讓你成為某個領域的意見領袖，演講的邀約也會隨之出現，等經驗足夠及可以看展教學及顧問的工作身分。

2. 你是什麼時候，在什麼情況下第一次接觸到自助出版的理念？你有何感想？

說來也巧，在參加自助出版的講座前，先參加了一場價值投資的美股講座，當下很心動，自己也想從美股中去賺取被動式收入；但上完自助出版的講座後，我想這個東西會是我認為更有趣的部份，尤其是由自己生產出來的東西，對自己的價值性絕對會更高於僅收取股息股利（雖然這也很誘人）。因為之前就想出書了，除了自費出版外，似乎沒有其他選擇，要把自己變成名人這可能性似乎也不太大。那有了自助出版這個平台就是可以實現自己出書的夢想的好機會，另一方面也弭平了出版社與作者之間的界線了，讓更多有才華或是想藉由文字、語音、思想來表達的人們好好發揮的空間。非常開心有機會能再更深入這其中，因為我相信會有更多有趣的故事、有趣的人們來互相交流，這些都是錢買不到的，這中間的交流互動產生的價值也一定會是更值得期待的。

3. 你認為自助出版最重要的概念是什麼，為什麼？

自己的作品自己來。因為平台上提供了一個自由發揮的空間，所以傳統上我們所認為的任何限制都被解鎖。唯一不變的是內容的生產，放到市場上，消費者買不買單。若是作者提供的作品是市場上能夠接受的，表示這當中創造了價值。那麼對於作者、平台抑或是消費者都是贏家，因為需求及供給都得到了平衡，也為這個產業的發展提供了更好的方向前進。

4. 你最喜歡的投資的名言佳句是什麼，為什麼？

-「投資自己」是所有投資中報酬率最高的一項。-

沒有人可以奪走自己內在的東西，況且每個人都有很多還沒被開發的潛力，所以這是大家所能做到的最好投資，不會被偷走或課稅，就連通貨膨脹也不會從你身上帶走。

　　做自己喜歡的事，才能真正發揮天賦，是所有投資中報酬率最高的一項。

　　一般，大家都知道要投資房地產、基金、股票等等來賺錢，但他們投資在自己的腦袋上卻是少之又少的，這樣不是很奇怪嗎？財富創造能力取決於我們能給別人創造多少真正的價值，也就是一個人的價值等於他的社會貢獻率。跟產值同理，若我不能為公司及他人創造價值，那他們要我來幹嘛呢？個人的價值產出是由我們頂上那顆腦袋所能做的事。Even 我們用的電腦、手機、平板等都需要時常地更新以及升級了，那麼不斷地更新及升級自己腦中的作業系統是更刻不容緩的事了，跟肌肉鍛鍊一樣，腦袋也可以鍛鍊的；時時替自己的腦袋「洗腦」，讓它運作地越來越佳！尤其是這變化快速的時代，唯有將腦袋開發視為一生的重要課題，就不太需要擔心自己被 AI、機器設備等所取代。如同李笑來老師說的：專注在自己的成長，而非一時的成功；經由長期積累下來的結果就是自己擁有不停蛻變且不斷昇華的能力。

5. 你為什麼要從事自助出版，學習自助出版後，如何改變您的生活習慣？

　　被動式收入的確是一個很重要的因素，之前拜讀李笑來老師的書而明瞭為何持續寫作、變成作家是那麼重要且回報很大的事情。因為他光是靠版稅就在財富上獲得很大的自由，一方面他找到市場的剛需，也就是學院上課聽到很重要的部份：市場研究，我也認為這部分是重中之重的部份，其他的像是出版品內容、上架、編輯等 know-how 重要程度相較之下顯得還好。畢竟有切中大眾市場的需求才有機會能夠有熱賣的條件，讓一份時間（出一次書的生產內容）重複賣了很多次，進而產生持續的被動式收入。若是能這樣真的太棒了，因為一來自己的市場分析研究準確抓到了大眾的胃口（成就感十足）；二來又有報酬當作做實質的努力回報；再來就是自己生產的內容能夠造福大家，利人利己何樂不為呢？

　　生活面向上，自己會變得比較有覺知；會刻意地留意身旁周遭人所發生的事情，因為會將自己的天線打開接收來自不同人身上的訊息，來思考那些人發生的事情能否成為我出書內容的題材，也因為如此，對別人的好奇心變重了，我想這是好事；因為過往的自己是比較冷漠、不關心、也不在乎周遭人群發生的事情，可能性格上較孤僻、沒喜歡與人有連結，但這樣並非好事，於是自己開始做了些調整。這個社會的組成是人，除非我出家到深山修行去，不然我仍無可避免地要與人打交道，與其閃躲逃避，不如就把這件事當成遊戲來玩，好好享受這個交流的時刻，若可以的話，就將互動的過程記錄下來成為之後可以發揮的素材資料庫。以上種種也漸漸地改變我與人的相處之道，更能發自內心地去欣賞他人的生活及故事，也更加豐富了我自己的人生閱歷。

這是我 Facebook page

https://www.facebook.com/groups/2623277611051413/

美之旅程

Marwa C. Golden
舞者。薩滿學徒。背包客。雜工
2018 年 9 月 1 日

本來沒膽出書

　　我在求學時一直都很喜歡寫些短文，曾有些文章投稿在校刊和社區報上。第一次因為文字得到小徵選獎金是寫了自己老早忘了的五行詩去玩玩。曾想過腦袋反著長的我，幹過不少蠢事怪事，若把親身經歷的故事拿來換掉人名地名，寫成小說應該是挺有趣；但另一方面我認為做這種事只會餓肚子，當舞者已經夠窮了，自己又不是啥曠世奇才，誰會來買我的書阿？又印刷店說出版一本書至少要花很多錢 ... 總是有許多理由，讓我把出書擺在諸事的後端，這樣浮載了不少時日。

許願成真

　　2017 年 11 月，我背個小背包手拿個提袋，帶來回機票和在廟裡搞園藝掙來的 300 元美金，二度赴亞利桑那州參加我靈性老師和朋友的聚會。然後我自己到加州旅行，在一座刻意隱藏地標的牧場裡，感恩節當日傍晚，我從一匹飢腸轆轆、想衝回家的調皮母馬背上摔落。斷了六塊骨頭，而且沒有錢支付醫院費用。一個深沉且瘋狂的諷刺鬧劇上演，且籌備許久的的生涯規劃一夕解體。我當時憤恨地想著，有天我會寫出這「馬的」故事來記上一筆。很幸運，我只是坐在輪椅上四個月還有在銀行裡用屁股爬樓梯一次而已。然而不能再像過去那樣做自由地做任何動作，身體呈不體面的當機狀態，對我而言即使一秒也像永恆般拖磨。在休養期間，我唯一能感到自由的是用筆或手機在 IG 上寫點東西，如同煮沸的水被蓋鍋蓋，一股我一直不承認的勢能終究爆發，啟動我非發聲於世界不可的渴望。

IG 廣告跳出自助出版四字

　　手機划著，我被自助出版、台灣、被動收入、時間彈性之類的字眼所吸引。

　　對！就這樣！我於 2018 年 5 月聽完自助出版學院的說明會後這樣想著。說明會裡 Johney 分享到有人把無厘頭的點子寫成書，居然有人買而且還不少。這讓我無可救藥的歪腦有了可發揮的正途，也許還能賺到旅費呢！

　　學院裡的講師，是些有態度的資訊和文化人，不是我向來嗅出便逃的市儈商人；我想，跟這群人為伍，自己也不會差到哪去了吧！於是我斗膽跳上車尾。

　　學院裡也有團隊在研究市場趨勢分析，學院大住持還希望新手應該自己也要學會尋找和分析這些資料呢，並不藏私。我是個對電腦是非常不在行的人，即便如此，我還是能以龜速慢慢按照學院所教的，四個月內把一本書兩本書三本書放上了國際平台。回首來時路，只有「Oh, my God!」歡呼！

　　我對植物很喜愛，這就是這些書誕生的原因。

Book link：

The Whisper Of Plants color pictures notebook
https://www.amazon.com/dp/1726480305

Whisper Of The Plants: Earth Walk Series Blank Notebook(Black & White)
https://www.amazon.com/dp/172210001X

奶爸的出版秘密

史瑞克

1. 你的出版（傳統，自費或自助）的背景故事。分享你的過去對出版或寫作與創作的經驗（共享一至兩個在你的生活中的出版或寫作與創作事件）

出版對我來說從來都不是一個選項，但是買書卻是我一直無法抗拒的事情，舉凡一般的身心靈成長，股票投資，證照考試，暢銷小說，出國旅遊......等，書櫃永遠都不夠放。

高中時期，在還有聯考的年代，龐大的升學壓力與青春期的各種各樣情緒中，宣洩壓力的管道何其重要，我與兩個要好的同學以一人一句的方式寫出了逗趣又科幻的小說，那是一種成就感也是有紀念價值的回憶呢！大學時期，暢銷小說成為了我上課與打工後剩餘時間的

主要伴侶，還記得當時最愛的金庸全套，黃易的小說，古龍的小說都是愛不釋手，常常一不小心就看到天亮了。研究所與出社會後，投資理財與身心靈成長的書籍佔比逐漸增高，而調劑的書籍變成了旅遊與數獨。

對於出版社的理解是一個需要大量人力（包含編輯，校稿，總編輯，美編，印刷...等）的工作，每本書的背後都是許多人心血的結晶。

2. 你是什麼時候，在什麼情況下第一次接觸到自助出版的理念？你有何感想？

在一個平淡無奇的下午，和平常一樣瀏覽著臉書時，我看到了"不用寫一個字，你也可以在 Amazon 出書"，心裡的想法是"怎麼可能！"，

由於在美國任何東西都可以透過 Amazon 買賣，所以就抱持著姑且一聽的想法接觸的自助出版。

3. 你認為自助出版最重要的概念是什麼，為什麼？

我認為自助出版是將每個人都變成了出版社，就如同 uber 把所有私家車都變成了計程車一樣，同樣的都把流程簡單化與規格化，同時也解放了許多人的想像力與創造力！讓書的傳播力不再侷限在少數人手上。

在傳統的出版環境下，許多的作者窮盡畢生精力所寫的書，最後卻在出版社的論斤論兩下，只取得些微的報酬，有的連版權都被買斷，這樣對於一個作者是多沒不公平的事情。

4. 你最喜歡的投資的名言佳句是什麼，為什麼？

- Risk comes from not knowing what you're doing-Buffett -

當你知道自己在做什麼，你就會去了解可能的風險來源，進而去規避與預防風險發生時的損失。

5. 你為什麼要從事自助出版，學習自助出版後，如何改變您的生活習慣。

自助出版是一個可以將零碎時間加以利用的工作模式，目前我是一個全職的家庭煮夫，在照顧小孩之餘，以自助出版這個工具建立被動收入，同時又可以顧到家裡，這太適合我了！

作者資料

Mike Murphy
https://www.amazon.com/author/mikemurphypublish
https://www.facebook.com/MikeMurphyPublish/
https://mikemurphypublish.com

從出版的夢到自助出版的實現…
Udaya（翊姍）

　　我的名字叫 Udaya 中文名翊姍，是個平凡的女孩，又覺得自己是個不普通的女孩。"出版一本書"，不知從何時開始就在我的腦海裡浮現了，若隱若現地似乎緣起在中學讀書的時候 ...

　　記得那時我的同桌女同學常常依照古詩詞的排律韻腳寫一些詩詞，下課時十分鐘幾乎都埋首在紙筆中…慢慢的，又多了一個腦袋加入，那就是我 ^^ 我看她寫的，我給她的詩詞做往來回應的賦文，偶而我也作為起頭者，午休時遞給她一首我在課間完成的七言絕句，等她接續著下文也來回應一篇。我們倆一來一往的紙筆間的交流，在枯燥的高中學習課業間卻也增添了不少的樂趣，而且也真的幫我提高了國文水平呢。

　　於是，這隨筆寫寫小詩詞的習慣，不管是新詩還是律言，在我的生活裡面慢慢長大，隨著不同年齡階段人生角度，我逐漸累積下不少篇幅的新詩、散文等。

　　由寫在紙上的一張張片語文字，轉變為存在電腦裡的專屬文件夾，word 檔的數量從幾個到幾十，上百，那個聲音："出版啊, 出書呀, 快去出自己的詩集啊！" 就越發地靠近我，從耳語般的聲音越來越宏亮大聲的呢…！

　　一直以來，隨行隨筆慢慢在生命裡累積醞釀，可是出書出版，要先投入一大筆呢，我可以嗎？不，當時的我是沒有能力做到的，那就不能實現了嗎？..... 我的期望不會放棄，也許上天會安排其他的可能呢…？

　　在 2017 的年初開始，確切的說是從 2016 年的年底，「出版我自己的書，我的詩集」這個想法越來越突顯的在我心裡晃蕩，我也把它作為了我近期的願望目標，在靜心中感覺看到那畫面，感覺在哪個月份的時間出版了書，在祈禱中也請求有著更大的資源讓我實現這願望！

就在時間越來越接近我心裡希望的時間點時，朋友傳給我了一個網址的連結，打開一看嚇一跳，哇！正是在講「出版」，而且還是「自助出版」！還是全球的平台！甚至還能 ...

欣喜的我一口氣看完所有的介紹，預約了兩三天后的研討會課程，也緊接著就訂下了系統的集訓課的上課日期，而那日期就是在年初時我期許能完成自己的書出版的同一月份。

因著這確信、自我看見、從初淺了解到開始接觸自助出版，再到完成自己詩集的出版，感覺一切出現的剛剛好，而且都是帶來上天對我的恩許回。自助出版也是更合乎現在文化傳媒的更平等更開放的信息傳播方式，能夠協助更多心中有夢的人們。

那麼自助出版又是有甚麼樣的意涵呢？

如果從字面上來看的話，簡單的說"自助出版"就是依照自己的想法以喜歡的方式操作來出版作品。可見這樣的出版方式，對於作者也就是出版品的創造者來說，有更大的自由空間，可以自主的選擇作品的樣貌以及注入其中什麼特質的靈魂，甚至從什麼樣的平台給它展現，就像是新手媽媽一點點伴著自己的寶貝孩子長大，給她哺育為她妝扮。

可見，創作過程是充滿柔情愛意滿滿的，而我個人覺得，這僅是"自助出版"的第一層意涵。在我自己進入自助出版的行列，逐漸學習操作執行著"出版"的每個步驟，也逐漸領悟了更多，或許前面所說的它最基本的意涵概念，也是大多數我們想要透過自助出版這一途徑來獲得的。思考的再深入一點，多問了幾個"為什麼"之後，我又看到了另一番景像。

當我在一次次的構思著，一本本的創造著自己的作品時，有一種生活的領域開闊起來更鮮活起來的感覺，如果把一個人的生活所觸及的層面比喻為一個家園疆國的話，透過自助出版的體驗經歷可以擴大這家園疆國的領土邊界，不斷往外推展著生活國度的版圖。在這樣欣喜的動作下，所遇見的人事物自然變多了、寬廣了，靈感出現的機率也似乎增多了，更能夠為心裡以前的助人之念增添上更多實際的行動方法；同時呢，在去行動去做的時候又是幫助自己有不少收穫。在我看來，這形成一個我和周圍一起變得越來越好的螺旋迴圈，也是"自助出版"這件事，這個新的文化傳播運作方式打動世界的妙處。

　　生活中出現的變化不是來自內在就是來自外在環境，兩者有時是不分彼此的，不管是哪一種的起因，也總是能在變動過程中影響了另一方，甚至會帶來"四兩撥千斤"的效能。

　　人生最大的投資就是投資在自己的成長，人生只賺不賠的投資就是投資個人在不同領域的學習擴展，從內在思考領悟智慧的擴展直至延伸到外在生活品質所觸及層面的擴展，我覺得這樣的人生就會時時被賦能，被更偉大的存在意識所賦能，生命力也可被不斷的加強升級了。

　　曾經看到出自 << 戰國策 >> 中的一句話 "「愚者暗於成事，智者見於未萌！」" 感覺非常的受用。意思是說 -- 有智慧的人感覺和思考都很敏銳，能夠在事情還未發生剛有些苗頭時就看到可能的前景，未雨綢繆；而那些愚昧的人們往往是到了事情都已然明顯成形時，還是糊塗不明白那是怎樣成就的。

　　我之所以喜歡這句話，是因為它不僅在個人修為上給我提醒，在打磨自己的內在心智上也給出很好的參照指標，更是因為這句話也道出了我們要如何看到日常生活中的可能轉機，如何認出"機會"的真面目，若想要成為生命版圖不斷擴展的人，見於未萌的功力是日日時時都需要練習的呢。所以，這是我所喜歡的一句，或者應該說是帶給我很多啟發的。

　　如果說那句是來自久遠的典籍，它偶然出現卻觸動我很多，那麼香港著名企業家李嘉誠先生曾說過的一句，就是使我接觸任何一種新可能時，帶入新機會到現有生活裡的重要功臣。這句話就是 ""「雞蛋，從外打破是食物，從內打破是生命，人生亦是！」" 投資自己增值自己的價值，唯有先在自身內在開始去瓦解打破固有的慣性，再從中生出新的活力新的生命，是生活狀態的一種新生！

　　在我進入自助出版的相關學習經歷的這段時光裡，鬆動破解我心裡的一些固著，包括對寫作的、對分享與行銷的、對排版美工的、對團體夥伴的…破解、打散、吸收、重組…隨著一本本的作品書籍被創造出來，同時也創造了一部分新的我自己。我想，這也是我喜歡並且會在"自助出版"這一領域走下去的重要緣由了。

　　回頭來看，感覺到自己以前那些有時似乎單調的生活、簡單的日子都發生了改變，關注與被關注的都漸漸繁多了，也自然少不了認識更多的朋友，跟以前所不同的甚至以前我不可能去做的，比如研討會的分享，因為自己生命版圖擴展了，心裡也很開心地去嘗試體驗，從此之中更有獲得個人能力的鍛鍊加強。

　　那麼，再說回來明顯的眼睛見得到的變化吧。出版了數十本作品，收穫了不同幣種的版稅，更有台灣北中南的同好們！在自己的經歷中增添了鮮亮新活的一筆！

作者簡介

亞瑪遜的作者中心網址如下：
https://www.amazon.com/-/e/B0734JL8LG

個人網站鏈結網址如下：
https://huiudaya.wixsite.com/udayathehealing

亞瑪遜出版的個人詩集
https://www.amazon.com/dp/B078WQG191
ASIN: B078WQG191

亞瑪遜出版的脈輪能量曼陀羅繪
https://www.amazon.com/dp/1981806547
ASIN: 1981806547
ISBN-13: 978-198180654

亞瑪遜出版的儲存密碼的家
https://www.amazon.com/dp/1984355031
ASIN: 1984355031
ISBN-13: 978-1984355034

出書沒有您想像中的遙不可及！
Vera(小品)

大家好！

我是 ©Angel Ahrendts 作者，到目前為止上架的書本約有 80 幾本。很高與參與這本書的作者之一，有機會向大家介紹出版的機緣與背景。

家中的小朋友們喜歡畫畫，在陪伴他們畫畫的過程中，覺得小朋友的創作潛能天馬行空無所不能、畫出大人所想不到的筆觸及花樣，總是讓人會心一笑。

塗鴉是他們的本能，只要有筆、一片的白色牆壁或是紙張，就開始發揮創意塗塗畫畫。我們一向都鼓勵小孩畫畫，不會阻止他們發揮創意玩樂的興趣，也不在意他們能畫出什麼，只要他們想畫，就順著他們的想法隨興去畫。他們時常非常認真的跟大人說著他們畫的故事及內容，一起討論畫出來的圖形要怎樣怎樣、比賽誰畫的快速、雙方串聯彼此的內容然後各自繼續作畫；有時候聽到他們的對話，只能用驚訝來形容："小小腦袋瓜蹦出的話還真超乎想像"!!

兩位正在討論畫甚麼的主題呢?!

2 歲的小娃兒認真作畫中！

小朋友連去餐廳用餐看到白色的餐紙或紙桌墊，都能信手捻來的畫畫小動物，跑來跑去的、看圖說故事似的，跟大人講他們所畫的故事；讓他們可以在公共場合安靜地作畫，常用來訓練他們專注的方法。也順便消磨等待上菜的時間，製造歡樂有趣的用餐氛圍。

到哪裡都能畫!! 台北天文館~

除了盡量安排準備適合他們作畫的工具外，也在空間、環境的牆壁上為小朋友布置空白可擦拭的塗鴉牆面。讓他們可隨時展現自己的繪畫天份~

最常準備的空白小畫冊，可以隨身攜帶，讓他們隨手塗鴉。市面上有許多給小朋友使用的小畫冊、著色本及貼紙本，都是小朋友喜歡塗鴉玩樂的必備工具。

為了小朋友尋找更好的創作工具及素材時，恰巧在FB看到了自助出版介紹的研討會，剛開始有點質疑，有這樣的方法可以出書？會不會是詐騙集團，現在的環境背景，有太多的詐騙手法玲瑯滿目；但又忍不住好奇心驅使。於是帶著姑且一聽與忐忑不安的心情去參加研討會。

哇賽!! 戶外黑板!! 趕快來畫!!! 三個人搶位子還分配的真好~~

聽完說明研討會後，可以輕易地將自己的構想出書，正好符合了為小朋友自製畫冊及集結圖畫作品的想法。同時也顛覆了對出版業的操作方法，傳統的出版作業程序繁瑣；自助出版卻能在亞馬遜平台上如此簡化，不得不佩服亞馬遜平台網路國際化的威力。平時也有在亞馬遜平台搜尋商品及比價，這樣的網站平台商機有它的潛力存在，如果有創意構想出版書籍，藉由該平台成為通路銷售是值得去嘗試。第一次聽到這樣的平台創業很心動讓人想要去詳細了解如何做及學習，憑著單純的想法就決定參加了課程。

在2017/9月份參加集訓營課程，整個三天的課程相當充實，有些出書的概念、知識是未曾接觸過，新的嘗試與學習，覺得非常的棒!!當然在剛剛開始的學習過程中，網際平台、英語、電腦應用軟體、上架的流程，著實讓我一頭霧水，自己摸索了一段時間才漸漸明白。

課堂上聽一次Johnny老師的教學，助教的課堂輔導及課後的影片教學，詳細介紹每一個步驟的操作。由於平常日上班，也沒有太多時間花在這方面，只能利用假日空檔看影片學習，遇到不懂的步驟留言在FB上的群組，有學長、助教或老師回應處理的經驗及解決方式；

漸漸地就更清楚整個流程如何操作，現在操作上架時間很快就可以完成。從一開始的絞盡腦思構思、創意奔騰、組合天馬行空的思緒到最後階段進行上架的書；都歷經形同被榨乾的水果干般，酸甜甘苦各種滋味！完成一本書上架是難以形容的又愛又恨，上架是非常愉快的事情，完成了一項作品，非常有成就感。

　　前面提到自助出版顛覆了我對傳統出版業的作業及銷售方式，現在不管是出版電子書或是實體書都不需依賴傳統的實體出版商，讓更多人容易把自己的創意透過平台發展到市場上。就像剛開始出版書的意圖很單純，只是為了讓小朋友創意延伸，讓他們的畫冊工具多樣化、他們所畫的圖畫能集結成冊…等等，同時也藉由這個機會吸收更多的創意知識及思考，是否能為世界帶來更多不同的創意及價值。當自己在創作書的過程中越來愈了解自助出版的出書目的及內容能為他人提供正面的價值幫助時，就是為這世界增加不同的意義。不要認為自己很渺小，在這世界裡是微不足道的；每個人都在為這個居住的地球發揮力量。

　　有句話我很喜歡："人生不設限，凡事感恩"。一位知名的演說家：Nick Vujicic 他的人生寫照。出生於澳洲，從小就沒有四肢，僅能用左下肢的兩根腳趾學習吃飯、寫字、做他喜歡的事情，克服人生種種的障礙。人生最可怕的莫過於來自內心的恐懼，當幸與不幸、挫折或是機會來到面前時，人都有選擇的權利。我很感恩來到面前的每一件事情，都在考驗著內心的勇氣，與挑戰困難的毅力，也許這不是什麼投資的名言，當人能夠留下對人有影響力的任何東西，就是人生最好的投資。因為幫助了某些人的想法或行動提升、有所不同，連帶了也影響了整個世界。每個人都在這個世界裡運作著、互相影響著，彼此幫助著，向上提升！

　　生活中的任何事都與文字語言離不開，每天我們所聽到的話語，與人對話、自言自語、從電視傳來的聲音、打開手機看資訊、上網google，隨時大腦都在運作著語言及文字。生活在科技便利的時代，連工作的方式也早已產生變化。用電腦是日常工作必須用到的工具，自從有了從事自助出版的事業想法後，以前下班不曾打開電腦的我，拋開假日出去遊玩的習性，開始將腦袋中想要發揮的創作品，一股腦兒的安靜坐在電腦面前敲敲打打，把期待的作品完成。也開始發揮對新奇創意的事物多多去留意的習慣，挖掘對人們有意義的學習知識，變成作品，帶給人們有不同的視野。

©Angel Ahrendts 是我自助出版事業的品牌之一,如果您有興趣請連結到下列作者中心,希望有機會能為您提供服務。感謝您 ~~

作者中心 : www.amazon.com/author/angelahrendts

當傳統遇到後現代 -
一位出版社編輯的內在火花

歐陽天

1. 你的出版(傳統,自費或自助)的背景故事。分享你的過去對出版或寫作與創作的經驗(共享一至兩個在你的生活中的出版或寫作與創作事件)

出版是我的老本行

在 2009 年之前,出版,一直是我業內的工作,也因有此經歷,公、私上都有書籍出版的經驗。二十多年前從世新廣播電視科系畢業之後,我即進入出版社,當時任職的是小小天地幼兒有聲雜誌暨父母雜誌編輯,編務雖繁忙,卻因適性而感到游刃有餘。而最享受的就是每月雜誌印刷裝訂完成送回出版社,全員開始捲袖包書寄件的那一刻,簡直就只有開心、歡暢足以形容啊!

在進入出版社之前,我並不偏好文字工作,有意思的是,編輯工作就像潛能魔法師,因為要探觸各種層面、跨不同領域,除了組織、整合的能力被開啟,創意與寫稿的能力也逐漸被點活,以至愈來愈愛這種能孵育、產出作品的工作。雜誌編輯一直是個與時間、創意比拼的跑者,尤其是幼兒雜誌需要生動、有趣、富教育性與啟發性,單元類別多元,例如語文學習、生態認知、科學實驗、互動思考、故事創作等,身為執行編輯不單僅做文字編輯的工作,還須身兼企畫與創作撰文,從無到有,必須把各單元內容做資料採集、文字撰寫、照片調借、

與美編進行圖文溝通，同時，還需要寫錄音腳本，好製作 CD 有聲書；並擔任採訪記者，進行父母雜誌的主題訪談與撰文等事務。那時，最喜歡的是每期附加出版的生命教育繪本圖畫書，因為那是單一作者獨自的創作，可以依著主題自己天馬行空的發想，再請畫手創作插畫，頁數雖然輕薄，在當時卻非常有成就感。我在幼兒雜誌社前後約 8 年的光景，從執行編輯、副主編、主編到 SOHO，總共編輯創作了數十期的雜誌及許多單篇的兒童故事，也創作了 8 本幼兒生命教育繪本，即使現在看來多半仍稍嫌生澀，但總歸是成長中值得紀念的步履。

從編輯到講師與出版從未脫節

成了自由接案的編輯後，曾替泛亞出版社寫了兩本兒童生態教育繪本，替小才子出版社寫了 24 卷環遊世界有聲腳本，接了三采養生雜誌、育兒雜誌、Nu skin 如新公司月刊的採訪工作；因曾經在直銷世紀雜誌暨傳智文化擔任過叢書主編，曾與直銷公司洽談過包銷出版專案，順利替兩家公司企畫出版了叢書，為其中一家永久公司以共同作者名義撰寫蘆薈保健叢書。

儘管後來轉職擔任光寶文教基金會的種子講師，仍須研討教案、撰寫講義，對出版與出書的熱情也從未澆滅，期間曾以特約主編的角色，替朋友的巴巴文化企劃出版過兩本創社繪本——「紅花仔布的秘密」、「弟弟的世界」，延續我對兒童出版的情感；而光寶文教基金會的「不光會耍寶—認輔志工守護孩子的故事」，這本由張老師文化出版的書籍曾入圍 2012 年圖書類金鼎獎，我負責一半的修潤與編輯工作，當中也寫了三篇文章收列其中。這本書正好是十一年來我擔任認輔志工與講師工作的經歷寫照，每篇故事都有著深刻動人的生命脈絡，參

與其中格外有意義，也深感榮幸。

<u>一趟刻骨銘心的血淚敘事</u>

事實上，編輯撰文的工作走了十幾年，這一路走來，寫得最銘心刻骨、淚水汨汨的作品卻不是在任何編輯出版工作上產出的，而是我的碩士論文。「從踏步獨舞走向和諧共舞的美感體驗之生命敘說」這是一篇以敘事探究做為研究方法，以生命敘說為主題的論文，原本定意要研究的是三位講師夥伴的故事。然而，在前三章口試時，口委陳老師似乎比我更懂自己，她要我對自己有信心，好好聆聽內心的聲音遵從本心，這個提點觸動了我，當下，我勇敢的點頭回應，將前三章大翻盤，重新來過，改為敘說我自己的生命故事。老實說，這篇論文從前三章到總結完成耗時並不久，卻在第一章因看得太重而放大了恐懼，踟躕寫了十多遍終竟失迷了方向與自信；緊接著因身體出了一些狀況，不得不停筆，當時深切以為再沒有復筆的機會，決心要學習放下的功課，怎知，祂緩緩透現了恩典的曙光，這光甚且超乎我的預期，原來這看似空白的兩年，竟紮紮實實的長出了許多深刻入裡的故事，最終成了論文的靈魂骨幹與生命敘事最豐美的血肉。因此，我告訴自己，如果有機會的話，一定要把論文編輯成書，讓自己的經歷也能成為別人的祝福。

2. 你是什麼時候，在什麼情況下第一次接觸到自助出版的理念？你有何感想？

<u>好奇參加研討會認同自助出版的理念</u>

從 2014 年完成論文至今，我封鎖了電子檔三年，醞釀著在此期間找出版社出書，及至 2017 年 8 月公開了電子檔，這個計畫始終沒有實現。工作忙碌、動力耗減、信心不足、臉皮過薄都是讓夢想遲滯、舉足不前的原因。直到 2017 年底在臉書看見自助出版的廣告訊息，好奇之下報名參加了研討會，當天聽了分享者的說明立即擄獲我的心，即使在預算不足的狀態下，也少見的耍了任性咬牙分 12 期繳款，報名加入成為集訓營的一員，希望能將論文出書這個計畫付諸實現，也能在中年尋求轉換固定工作的過渡期，藉由自助出版創造一份有意義的被動收入。

自助出版對我來說，是一個新鮮的名詞或說是動詞，是以往傳統出版中不曾聽過的型態。在還未加入之前，我的想像是自助出版等同個人獨資出版，結果令我訝異，也大開眼界。自助，不僅是自己撰文這個可理解的概念，還包含了自己當出版商，省卻了向出版社與書商叩門的繁瑣流程，自己就可以 DIY 上架曝光，並且是在全球最大的網路書店亞馬遜平台銷售。

在網路飛速的時代，只要理念訴求正確，任何可能都有發展的契機。我認同並加入自助出版，因為它提供給人許多的可能性，讓出書這件事，能滿足各人不同需求的動機：提升知名度、建立成就感、豎立權威、讓創意被看見、多一份收入來源，到實現夢想、獲得時間的自由、意義的建構、愛的傳遞、分享與奉獻，這些動機不管是表層或深層，我認為都值得被珍視。

3. 你認為自助出版最重要的概念是什麼，為什麼？

<u>自助與互助的加乘是自助出版重要的概念</u>

「把自助出版事業當成是一門生意」，這是自助出版召集人 Jonny 老師提出的概念，對於沒有商業頭腦也曾想過創業的我來說，是一項可歸零學習的新嘗試。雖說是「生意」，與一般生活商品的產銷終究不同，因為文字帶著力量、內蘊著無形的社會責任，一本書的生成自然需要用更多時間與智慧來提煉；圖畫書亦然，仍須耗時發想與繪製；儘管是文字較少的筆記書、月曆、田字格……，都一樣需要投入精神與心意來孵育。相異於其他的生意，出版的本身，成分中或多或少都帶著一些不同的人文情操，既是如此，即使成了獨立的「出版商」，也無須過於汲汲營營期待立刻賺到錢。自助出版這項新興的產業，入門雖簡單，但並不等於容易；學習穩住心、不跟別人比、多吸收新元素，並加添熱情，按照自己的步調維持不輟的動力、認真耕耘，這是我成為自助出版新鮮人以來的認知與體會。

自助出版的重要概念是什麼呢？我想應該是自助與互助的加乘。在研討會中，我看到後現代的寬廣與有趣性，人人都可以展現創意孕育作品上架亞馬遜網路書店成為作者；在三天的集訓營中，我看見智慧與分享的力量，召集人用心的備課，將自己多年來摸索有成的經驗值轉換為智慧結晶，透過講義與課程的教作，讓陌生且繁複的上架流程成為可依循操作的步驟；在臉書社群上，透過前輩們慷慨的分享與激盪，作品創建的點子變得更加的多元；有困難提問時，總是會有前輩及時的回應給予支援。雖然，那三天我因筆電規格不堪操作及薄弱的英文程度而未能趕得上進度，回家之後，花了好些時間才將第一本實驗性的節氣體驗筆記書「Downshifting in the spring.」完成上架，過程中的總總仍是令我感動與感謝的。

4. 你最喜歡的投資的名言佳句是什麼，為什麼？

「耕種自己田地的，必得飽食。追隨虛浮的，足受窮乏。」
　　　　　　　　　　　　　　　　　　——《箴言 28:19》

這句出自舊約聖經箴言篇的經節，雖非經典的投資名言，對我卻是一句務實的真理。我喜歡投資自己，透過學習讓心田成長與茁壯，更勝於外在物質，我認為，當素養富厚、心靈茁壯了，根基便得穩固，即使遇到外在環境的侵襲，也不致傾頹匱乏。

去年底才加入自助出版的行列，在這條路上，我其實還像嬰孩般嗷嗷待哺，需要學習的地方還很多。最近遇到一個身心挑戰，讓耕耘的腳步更加遲滯，看著群組上發佈許多火熱的課程與活動訊息，而我因身體暫且不便只能向隅；看著夥伴努力耕耘的豐碩成果一則一則的披露，很為他們雀躍與喝采。而我告訴自己：事有輕重緩急，先把身心照顧好，不跟人比，至少已經在路上，就時時有機會可以慢慢的澆灌、好好的耕耘。

5. 你為什麼要從事自助出版，學習自助出版後，如何改變您的生活習慣。

　　走在圓夢的路上，向光前行

我從編輯起家,即使離開出版職場多年,對「她」情感依舊,也仍有夢,以往雜誌編輯檯的工作多半是集眾人作品與團隊合作才能成事,而叢書編輯則多半是為人作嫁出書。談到出書,攸關出版社的政策走向,每家出版社的門檻高度不同,一般都是由出版社向作者主動邀約出書,非具知名度、領域權威性、獨特話題或寫出優異作品的素人想主動叩門,通常機會渺茫,除非採包銷或是自費出書,但需要自籌經費,對無預算的人來說,是個莫大的阻礙。

　　自助出版的現身,以及自助出版團隊的組成,讓我的夢有了實現的契機,儘管腳步慢了些,還有許多懵懂待學的技術、工作步調與習慣待建構;但沒關係,我還是要說,已經走在圓夢的路上了,我相信這個團隊會與謝爾・希爾弗斯坦在以下詩句裡所傳達的意念是相通的——

閣樓裡有一盞燈亮著。

雖然屋裡是暗的,窗戶是遮掩著的,

但是我看到光在閃爍,

而我知道那是什麼。

閣樓裡有一盞燈亮著。

我可以從屋外看到它,

而我知道你在屋裡……正朝著外頭看。

　　我更相信,「愛與分享」的扶持精神會浸潤成團隊永續前進的指標,讓人願意一直向光前行。

作者簡介

趙凡誼 (Facebook)
wonderlive99@gmail.com
Line ID:fanyi.chao

節氣體驗筆記書—
「Downshifting in the spring.」
https://www.amazon.com/dp/B0791KLBY5

自助傳遞豐盛滿溢
鐵克布雷 Take Abreak

　　做自己擅長的事是很愉快的，因為是自己理解熟悉的領域，所以不需要擔心做得不好。在學校的時候，編輯校刊或為了校刊與他校交流，或採訪有名繪畫工作者、文字工作者等等，後來在文藝營也拿過小小獎狀，一直沒停下到現在，創作仍是我喜歡的事，文字類、繪畫類、藝術類、音樂與攝影，融合在我專業的工作裡。

　　在提升身心靈的瑜伽教學中也搭配藝術含繪畫、音樂療癒的工作坊（以上皆有證照），我喜歡這樣的工作，也樂於分享給他人帶來健康和快樂。

　　從小體弱多病，醫院就像走廚房一樣熟，抱著藥罐長大的筆者，知道健康的身體有多麼重要！療癒心靈的創傷有多麼重要！釋放轉化負面情緒有多麼重要！所以我也在網路上寫正向思考的粉專，希望能盡一份心力。

　　在網路上看見自助出版的廣告，印象中有聽過這先進的方式出版，覺得很好奇也很新鮮有趣，很符合新興市場的需求，之前還和友人討論過，用這方式出版在台灣的可行度如何，會不會對台灣出版社造成影響等等，卻一直沒真正遇見。如今這緣分來的剛剛好，我剛好在找適合的出版社，所以自然毫不猶豫的就報名了。結果，比我原先設想的更完善更彈性，簡直就是超級大禮物。非常感謝學院創辦人 Johnny Wang 盡心盡力，毫不藏私的分享，希望能讓來到學院的大家都能滿載而歸。

　　做自助出版，重要的還是"心"，表層的是很實際的收入和盈餘，深層的理念想傳達出去的是幫助他人，「出版」是能傳遞很多訊息的行業，若是能滿足買書人的需要，又能傳遞正向積極，創造自助出版的核心價值，以良善回饋給社會，為世界帶來希望與喜樂，製造良好的循環，不是不可能做到的，正因為是自助出版，心念會決定出書的方向和接下來的步驟，所以會謹慎的選擇和策畫出版。

　　巴菲特說過：「不同的人理解不同的行業，最重要的事情是知道你自己理解哪些行業,以及什麼時候你的投資決策正好在你自己的能力圈內。」

出版對我而言不算陌生,我的工作內容也能整合在出版裡,感謝老天讓這一切契合,在熟悉又創新的自助出版裡,不斷學到新東西運用在自助助人上,很開心也有挑戰。

學習自助出版後,思考的方向變得更寬廣和完整。不只是希望出版物能讓人們看見,還會思考怎麼做能更好,或站在讀者的角度思考需要。打開全新的視野去看世界,真的很不一樣。

作者簡介

個人作者中心連結:
https://www.amazon.com/-/e/B07CV75JZW

關於我們

  我們的使命是希望透過專業、系統化的自助出版計畫，包含市場分析以及行銷策略…等等，幫助與我們連結的每一位學員打造個人或公司品牌，完成出書夢想及獲取相關營收，並且把真、善、美帶到世界各個角落。

  我們學院已經幫助台灣兩百多位素人，出版他們生平的第一本書，並且在全世界銷售。

  我們希望把這套自助出版系統分享給想為自己出書或賺取版稅被動收入的朋友們，因此成立了自助出版學院。希望大家利用這個方法去創造並透過出書去散撥您的創意；您提供的價值藉由出書是可以真正幫助到需要的人，這不但是一件美好的事，還讓您多了一個頭銜：

- 作家 -

想了解更多，歡迎與我們聯繫！

www.ingramcontent.com/pod-product-compliance
Lightning Source LLC
Chambersburg PA
CBHW062029290426
44108CB00025B/2835